Arbeit im Bezug Selbstmanagement, Storytelling in Präsentationen und Prokrastination

GRIN

Bibliografische Information der Deutschen Nationalbibliothek:

Die Deutsche Nationalbibliothek verzeichnet diese Publikation in der Deutschen Nationalbibliografie; detaillierte bibliografische Daten sind im Internet über http://dnb.d-nb.de abrufbar.

ISBN: 9783963567056
Dieses Buch ist auch als E-Book erhältlich.

Druck und Bindung: Books on Demand GmbH, Norderstedt Germany
Gedruckt auf säurefreiem Papier aus verantwortungsvollen Quellen

Das vorliegende Werk wurde sorgfältig erarbeitet. Dennoch übernehmen Autoren und Verlag für die Richtigkeit von Angaben, Hinweisen, Links und Ratschlägen sowie eventuelle Druckfehler keine Haftung.

Das Buch bei GRIN: https://www.grin.com/document/1449683

Inhaltsverzeichnis

Aufgabe 1:

Arbeit – ist eine „zielgerichtete, soziale, planmäßige und bewusste, körperliche und geistige Tätigkeit." (Wohltmann & Voigt, 2018, S.1).

Auf den ersten Blick scheint der Begriff „Arbeit" nichts besonders Gutes für uns Menschen zu beinhalten. Häufig wird er mit etwas Negativem assoziiert. Worte wie Pflicht, Druck, Zwang, Fremdbestimmung, Notwendigkeit, Lebensunterhalt, Geld verdienen fallen uns meist zuerst ein, wenn wir über dieses Thema sprechen oder nachdenken. Schon in der Antike wurde dieser Begriff negativ geprägt, da Arbeit als eine unwürdige Tätigkeit angesehen wurde. Gearbeitet hat nur, wer aus den unteren sozialen Schichten kam.

So ganz ist diese Sichtweise immer noch nicht verschwunden, dennoch wird Arbeit und die damit verbundene Arbeitszeit und Arbeitskraft, heute mehr als ein Potenzial des Menschen gesehen, welches der Existenzsicherung dient. Nicht allein der Lohnerwerb, sondern vielmehr die Auswirkung der Arbeit auf die sozialen und psychologischen Funktionen, sind von Bedeutung.

Arbeit als soziale Funktion:

Die Arbeit ist für uns Menschen ein wichtiger Lebensbereich. Hier können wir unser eigenes Wesen, unser ICH entdecken und im richtigen Bereich eingesetzt, unser ganzes Potenzial zur Entfaltung bringen.

In unserer modernen Gesellschaft haben wir heutzutage oftmals die Möglichkeit unseren Beruf frei zu wählen und somit unser individuelles Talent und unsere Leidenschaft zu nutzen. Es ist also möglich, unsere Berufung zum Unterhaltserwerb einzusetzen und einen Nutzen für die Gesellschaft darzustellen.

Auch der Arbeitsort und die Arbeitszeit kann häufig an das Leben angepasst werden. Die flexible Integrierung des Berufes in den Alltag wird immer präsenter. Noch vor ein paar Jahren war solch eine Freiheit in der Berufswahl kaum vorstellbar.

Allerdings wird die Wahl des Berufes häufig auch von äußeren Faktoren beeinflusst. Sehr relevant ist die Prägung in der Kindheit, primär durch häusliches und soziales Umfeld. Das heißt, durch Eltern, Pädagogen, Gesellschaft oder Geschlecht und durch die Erziehung.

Das Übernehmen des Familienbetriebes oder das Erlernen des Wunschberufes der Eltern kommt auch heute nicht selten vor. Noch immer findet man Frauen vermehrt in sozialen Berufen, wie der Pflege von Kindern oder Kranken, während Männer eher technische Berufe ausüben.

Die Ausübung eines Berufes verbindet Menschen und ist ein wichtiger Teil, um soziale Beziehungen zu knüpfen. Nicht ohne Grund empfinden viele Menschen ihre Arbeit als erfüllend, wenn gewisse Voraussetzungen stimmen. Eine angenehme Arbeitsatmosphäre, eine gute Beziehung zu den Kollegen, ein arbeits- und gesundheitsfreundlicher Arbeitsplatz und eine angemessene Arbeitszeit bieten dafür die Grundlage. Durch gemeinsames Lösen von Aufgaben werden Kompetenzen wie Teamfähigkeit gestärkt und die Motivation, konzentriert an seinen Aufgaben zu arbeiten, steigt. Auch Freundschaften oder Partnerschaften können durch diese sozialen Verbindungen im Betrieb entstehen.

Es gibt auch die negativen Aspekte, die sich auf die sozialen Kontakte des Menschen auswirken. Als Beispiel wäre die zunehmende Globalisierung der Welt anzuführen. Durch die unterschiedlichsten Zeitzonen sind wichtige Geschäftspartner oder Kollegen in Auslandsstandorten erst abends erreichbar. Das bedeutet, die Arbeitszeiten müssen sich ggf. an Erreichbarkeiten orientieren was die Regelarbeitszeiten beeinflusst. Zum Nachteil von Privatleben und Sozialkontakten, wie Familie und Freunde. Der Druck, seinen Job nicht zu verlieren, bewegt viele Menschen zur Mehrarbeit oder zur ständigen Erreichbarkeit. Dieses Empfinden von Druck oder Stress kann sich ebenfalls negativ auf das soziale Umfeld auswirken.

Arbeit als psychologische Funktion:

Die Sozialpsychologin Marie Jahoda entwickelte das Model der manifesten und latenten Funktionen der Erwerbsarbeit. Dieses Model verdeutlicht, wie wichtig eine Tätigkeit für unsere Psyche ist. Arbeit ist ein wichtiger Bestandteil für die Lebensbalance, da durch sie ein großer Teil unserer psychischen Bedürfnisse erfüllt wird. Des Weiteren werden die Auswirkungen bei Arbeitslosigkeit geschildert. Das Model lässt sich in die oben genannten Funktionen einteilen.

Manifeste Funktionen:

Zu ihnen gehört die offensichtliche Funktion der Arbeit, nämlich das Geld verdienen.

Latente Funktionen:

Arbeit erfüllt grundlegende psychische Bedürfnisse und die sind für den Menschen eher unbewusst. Zu diesen Funktionen gehört beispielsweise die Strukturierung der Woche durch geregelte Arbeitszeiten, die sozialen Kontakte durch den notwendigen Austausch auf der Arbeit, die Bewältigung sinnvoller Tätigkeiten und das Erreichen von Zielen, der soziale Status, über den wir uns definieren, sowie regelmäßige Aktivität (Feichtner, ?, S.1).

Bei Verlust der Arbeitsstelle fällt also nicht nur der Verdienst aus, sondern sämtliche Grundbedürfnisse bleiben unerfüllt. Das Resultat können in vielfältiger Weise, körperliche und psychische Auswirkungen sein. Erkenntnisse der Forschung ergaben, dass Arbeitslosigkeit zu einem Rückgang der Lebenszufriedenheit führt. Folglich ist Arbeit eindeutig ein wichtiger Bestandteil des Lebens (Scheve, Esche & Schupp, 2016, S1).

Arbeitslosigkeit wirkt sich nicht nur negativ auf das eigene Wohlbefinden aus, sondern beeinträchtigt auch die psychische Stabilität der Familie. So zeigt eine Studie, dass ebenfalls der Beziehungspartner unter Depressionen, Angst und körperlichen Beschwerden leiden kann. Die psychische Belastung der Eltern wirkt oftmals weiter bis in die Beziehung und Erziehung der Kinder. „Die Nerven liegen blank" und ein Mangel an Geduld und Verständnis breitet sich aus, was schnell zu härteren Bestrafungsmethoden den Kindern gegenüber führt. Somit sind auch die Kinder arbeitsloser Personen betroffen (Moser, 2015, S.273).

Zusammenhänge zwischen Arbeit und Selbstmanagement:

Selbstmanagement ist ein weit gefasster Begriff. Im Grunde geht es um eine sinnvolle Tätigkeitsplanung, mit der Absicht einer motivierten und effizienten Umsetzung der Aufgaben. Das Ziel ist auch eine selbstständige Verhaltensänderung.

In Bezug zur Arbeit verändert man sein Verhalten dementsprechend, um eine bessere Work-Life-Balance zu schaffen, seine Aufgaben fristgerecht zu erfüllen und den Arbeitsstress möglichst gering zu halten oder bestenfalls ganz zu vermeiden.

Einem erfolgreichen Selbstmanagement liegen zwei Voraussetzungen zugrunde. Zum einen benötigt es ein gewisses Maß an Freiheit, um seine Zeit frei planen zu können. Zum anderen erfordert es Motivation der Person, für eine tatsächliche Änderung. Ist mindestens eine der Voraussetzungen schon nicht gegeben, ist kein Selbstmanagement möglich und das Erreichen des Zieles nur durch Zufall möglich (Arenberg, 2018, S.32).

Im Beruf wird heutzutage oftmals ein hohes Maß an Selbstmanagement vorausgesetzt. Neue Aufgaben werden den Mitarbeitern vielfach ohne Einweisung übertragen, mit der Erwartung einer eigenständigen Erarbeitung.

Ein fachkundiges Einlernen in neue Strukturen oder Tätigkeitsbereiche, sowie Qualifizierungen durch Fortbildungen werden häufig, aus Zeit- und Geldgründen, ausgelassen. Das selbstständige Erwerben neuer Fähigkeiten ist auch dem schnellen, industriellen Wandel geschuldet und das nicht nur im beruflichen Umfeld. Exemplarisch dafür steht der jährliche Generationswechsel in der Smartphoneherstellung, welcher wiederkehrend mit neuen Funktionen und neuen Apps ausgestattet ist. Hat der Nutzer sich gerade an die neue Technik gewöhnt, wird ihm zeitnah eine überholte Version aufgestülpt. All das selbstständige Erlernen erfordert ein hohes Maß an Selbstmanagement.

Ein effektives Selbstmanagement gehört in unserer modernen Zeit in beinahe jedem Beruf zu den Grundvoraussetzungen. Das macht einen guten Mitarbeiter heutzutage aus.

Auch der Arbeitgeber kann einen großen Beitrag zu einer guten Work-Life-Balance und einem guten Selbstmanagement leisten. Die Möglichkeit für Home-Office oder flexible Arbeitszeiten wirken hier unterstützend für den Arbeitnehmer. Fehlen all diese Maßnahmen, die gestalterische Freiheit und die Motivation sind durch Stress erzeugte, gesundheitliche Risiken gegeben. In diesem Falle sollte ein Arbeitsplatzwechsel in Betracht gezogen werden.

Da es sehr schwer sein kann, sein Verhalten aus Eigenantrieb so zu verändern, dass man seine Ziele erreicht, bieten Selbstmanagementtherapeuten Unterstützung. Sie leiten an und helfen so bei der Selbststeuerung.

Erfolgreiches Selbstmanagement dient demnach als Hilfestellung, um den Alltag mit Beruf, Freizeit und Familie gut vereinbart zu bekommen und dabei möglichst stressfrei zu bleiben. Es erleichtert den Umgang mit herausfordernden Situationen und beugt der Gefahr, psychische Krankheiten zu entwickeln, vor.

Aufgabe 2:

Bereits im Schulalter gehört das Präsentieren von Themen zum Lehrplan. Die Schüler geben sich dabei oft große Mühe besonders ausgefallene und schön animierte PowerPoint-Präsentationen oder Plakate zu gestalten, in der Hoffnung eine gute Note zu erlangen. Was hier noch in die Bewertung einfließt, ist in der realen (Arbeits-) Welt weniger von Bedeutung. Inhaltliche Aspekte sind wesentlich relevanter als ein schön gestaltetes Medium. Die Darstellung ist zwar zweitrangig, dennoch sind optische Reize wichtig. Somit ist das Herzstück einer guten Präsentation der Inhalt. Dieser kann zum Beispiel durch Storytelling oder Argumentationen leicht verständlich, nachvollziehbar und interessant vermittelt werden.

Sprachgeschwindigkeit/ Informationsanzahl („Magische Zahl 7")

Wesentliche Beachtung sollte der Menge an Informationen, der Sprachgeschwindigkeit und der Wiederholung von Kernaussagen geschenkt werden, um die Präsentation einprägsamer zu gestalten.

Grundsätzlich werden durch mehrfaches Wiederholen Informationen besser im Gedächtnis verankert. Somit ist es von Bedeutung, die Kernbotschaft durch mehrfache Wiederholungen und durch wissenschaftliches Belegen zu vermitteln.

Die Informationsmenge sollte sich an der Grundregel der „Magischen 7" richten. Was bedeutet das?

Damit die vermittelten Präsentationsinhalte bei den Zuhörern einprägsam wirken, sollten 7 Informationseinheiten nicht überschritten werden. Das menschliche Kurzzeitgedächtnis ist nicht in der Lage mehr Informationen präsent zu halten. Das Gehirn wird überlastet und die Aufmerksamkeit der Zuhörer schwindet. Die vermittelten Inhalte bleiben weniger im Gedächtnis verhaftet (Glaser, 2019, S.1).

Diese Aussage veröffentlichte Prof. George Miller 1956. Auch wenn sie mittlerweile als überholt gilt, da sich die Anzahl der Informationen doch stark nach den Inhalten richtet und noch eher nach unten korrigiert werden kann, wird sie auch heute noch als Richtlinie verwendet. Denn es ist unumstritten, dass unser Kurzzeitgedächtnis nur für eine begrenzte Anzahl von Informationen speicherfähig ist.

Die Sprachgeschwindigkeit ist abhängig von den Sprachgebieten / Sprachraum. Doch es sollte in jedem Fall weder zu schnell gesprochen werden, um dem gesagten Folgen zu können, noch zu langsam um das Interesse hoch zu halten.

Storytelling:

Storytelling kommt aus dem englischen Sprachraum. Es besteht aus den beiden Wörtern „story" was übersetzt „Geschichte" heißt, und dem Wort „telling" - „erzählen". Es bedeutet übersetzt so viel wie, das Erzählen von Geschichten.

Das Storytelling ist eine bestimmte Erzählmethode, das implizites Wissen (Erfahrungswissen) und explizites Wissen (dokumentiertes Wissen) weitergibt.

Durch das Erzählen einer Geschichte soll ein Hineinversetzen der Zuhörerschaft erreicht werden, wodurch Emotionen ausgelöst und das Denken angeregt wird. Dank dieser aktiven Teilnahme werden Inhalte besser vermittelt und verankern sich leichter im Gedächtnis. Hingegen ist es in einer sachlichen, konventionellen Rede wesentlich schwieriger die Aufmerksamkeit der Zuhörer auf sich zu ziehen und zu halten.

In dem Buch „Storytelling. Das Praxisbuch" von Frenzel, Müller und Sottong wird Storytelling zusammengefasst so definiert:

„Storytelling heißt Geschichten gezielt, bewusst und gekonnt einzusetzen, um wichtige Inhalte besser verständlich zu machen, um das Lernen und Mitdenken der Zuhörer nachhaltig zu unterstützen, um Ideen zu streuen, geistige Beteiligung zu fördern und damit der Kommunikation eine neue Qualität hinzuzufügen"

Das Erzählen von Geschichten begleitet Menschen schon seit jeher. Selbst in Zeiten der Höhlenmenschen haben Zeichnungen die Geschichten ihrer Erlebnisse abgebildet (Arenberg, 2015, S.75).

Später wurden erzählte Geschichten auch schriftlich festgehalten, was uns heute einen Zugang, zu den Erlebnissen der Menschen aus früheren Zeiten, gewährt. Außerdem bietet es uns die Möglichkeit aus den Erfahrungen der Vergangenheit zu lernen und die Entwicklung des Menschen, sowie deren Erfindungen nachzuvollziehen.

Dank der Forschung konnte herausgefunden werden, welche Hirnaktivitäten durch Storytelling, sowohl beim Sprecher, als auch beim Zuhörer, angeregt werden. Hierbei wurde erkannt, dass der Zuhörer die Gehirnaktivität mit zeitlicher Verzögerung des Sprechers widerspiegelt. Somit ist Kommunikation eine gemeinsame Aktivität (Arenberg, 2022, S.74).

Ein wichtiges Fragment für ein erfolgreiches Storytelling ist das Erzeugen von Spannung in der Geschichte. Je abstrakter die Erzählung ist, desto schwerer fällt das Verstehen und das Festhalten der Informationen. Wenn der Erzähler diese Geschichte tatsächlich fühlt, klar strukturiert erzählt und authentisch vermittelt ist es für den Zuhörer einfach sich in die Situation hineinzuversetzen. Zudem sollte zu Beginn der Erzählung erst die Situation beschrieben werden, bevor übergegangen wird in den Hauptteil mit der Handlungsbeschreibung, um dort die Spannung aufzubauen und am Ende der Geschichte wieder aufzulösen (Schinko-Fischli, 2019, S.110).

Mimik, Gestik und Stimme sind ebenfalls Mittel, um einer Geschichte Ausdruck zu verleihen. Die Art und Weise sollte man dabei der Zielgruppe anpassen.

„Storytelling ist eine, besonders in der Unternehmensentwicklung, empirisch untersuchte Methode und gilt als erfolgreich, weil sie an die Grundprinzipien des Gehirns anknüpft." (Brehmer & Becker, 2017, S.1).

Argumentation:

Das Ziel von Präsentationen ist, dass neue Informationen möglichst leicht von Zuhörern aufgenommen werden. Eine weitere beliebte Art, Präsentationen interessant zu gestalten und den Zuhörern das Erfassen der Mitteilungen zu erleichtern, ist das Argumentieren.

Barbara Minto ist bekannt dafür ein Prinzip entwickelt zu haben, eine Argumentation pyramidal aufzubauen. Sie geht davon aus, dass Menschen bei der Aufnahme von Informationen versuchen, diese in eine logische Reihenfolge zu ordnen, um sich die Inhalte besser merken zu können. Im Kern geht es also darum klare Aussagen zu treffen, diese in eine logische Struktur zu bringen, das wesentliche am Anfang der Argumentation zu platzieren und darauffolgend dies systematisch zu begründen.

Das Pyramidale Prinzip wird dabei in das Top-down oder Bottom-up eingeteilt. Top-down, was so viel wie von oben nach unten bedeutet, vermittelt dem Zuhörer zuerst die Kernbotschaft und untermauert diese Aussage anschließend mit wichtigen Aspekten. Die Bottom-up Version, also von unten nach oben, Schildert erst wichtige Details und Aspekte und führt dann auf die Kernaussage hin (Arenberg, 2022, S.79).

Strukturieren kann man diese beiden Methoden außerdem in die logische Gruppe oder die logische Kette. Bei der logischen Gruppe wird eine Kernaussage von weiteren Detailaussagen unterstützt, während bei der logischen Kette die Kernaussage begründet wird (Arenberg, 2022, S.79).

Zu Beginn einer Präsentation, die eine Pyramidenstruktur beinhaltet, wird mit einer Einleitung begonnen. Anschließend bildet die Pyramidenstruktur den inhaltlichen Ablauf der Präsentation und sie wird mit einem kurzen Schluss beendet.

Diese strikte Gliederung in einer Präsentation hilft den Zuhörern von Beginn an den Inhalt leichter zu verinnerlichen, da sie die Inhalte nicht selbst ordnen müssen. Das Prinzip weckt außerdem von Anfang an Neugier, was das Verfolgen der Präsentation erleichtert. Die Aufmerksamkeit ist somit durchgängig der Präsentation gewidmet und wird nicht durch großes Überlegen unterbrochen. Zudem wird die Kernbotschaft durch die Argumente klar und dadurch leichter gemerkt (Noack, 2022, S.1).

Aufgabe 3:

„Was du heute kannst besorgen, das verschiebe nicht auf morgen". Diese Redewendung kennen wir alle. Sie soll uns ermutigen die lästigen, anstrengenden oder auch unangenehmen Aufgaben unverzüglich zu erledigen. Die Tendenz für pathologisches Aufschiebeverhalten, wird auch als Aufschieberitis oder Prokrastination bezeichnet.

Prokrastination

Prokrastination kommt aus dem Lateinischen und bedeutet so viel wie eine Sache auf morgen verschieben. Es geht also im Grunde genommen darum, dass die Erledigung wichtiger Aufgaben auf einen späteren Zeitpunkt verlegt werden. Doch nicht jeder Aufschub kann als Prokrastination bezeichnet werden, denn Aufschieben ist ein Teil des Strukturierens und Priorisierens von Aufgaben. Doch bei Prokrastination ist der Grund für das Herausschieben der Aufgabe nicht der fehlenden Zeit oder der Überbeanspruchung geschuldet, sondern es handelt sich um unnötiges und freiwilliges Aufschieben, um die Erledigung so lang wie möglich zu vermeiden. Dabei werden wissentlich Nachteile, die möglicherweise sogar schädlich auf die eigene Leistung oder die eigenen Gefühle wirken können, in Kauf genommen (Engberding, Höcker & Rist, 2017, S.417).

Etwa ein fünftel der erwachsenen Bevölkerung und Studenten sind von Aufschieberitis betroffen. Schlechtere Ergebnisse und Noten, das nicht Erreichen von Zielen oder zunehmende Zeit- und Geldkonsequenzen sind Folgen des Aufschiebens. Dabei wirkt sich das Aufschieben nicht nur schlecht auf das Ergebnis der Aufgaben aus, sondern beeinträchtigt ebenfalls die psychische Gesundheit negativ. Zunehmende Ängstlichkeit und Depressivität sind Folgen des Aufschiebens. Indirekt wird ebenfalls das Stresserleben sowie die Schlafqualität negativ beeinflusst. Häufig treten Sorgen oder Schuldgefühle auf. Die Last wird größer und die Arbeit häuft sich an, mit zunehmenden Folgeaufgaben, deren Erledigung ebenfalls so lang wie möglich herausgezögert wird. Zusätzlich kann Aufschieberitis zu zwischenmenschlichen Belastungen führen. Durch Missachten oder Absagen von Vereinbarungen und Aktivitäten entsteht Enttäuschung, Ärger oder sogar das Empfinden von Verantwortungslosigkeit (Gusy, Jochmann,

Lesener, Wolter & Blaszcyk, 2022, S.418). Außerdem wird die Aufschieberei oft als Faulheit gedeutet und somit die prokrastinierende Person als Faulenzer wahrgenommen. Die Ernsthaftigkeit des Problems bleibt im sozialen Umfeld meist unerkannt.

Dank der Studien zu Prokrastination wurde gezeigt, dass es sich hierbei um eine Störung handelt, die zu geringerem akademischem Erfolg, zu schlechteren Noten, zu geringerer Leistung und zu Stress führt. „Auf lange Sicht sind Prokrastinierer in einem schlechteren gesundheitlichen Zustand und suchen häufiger im Gesundheitswesen tätige Personen auf als die, die nicht prokrastinieren." (Tice & Baumeister 1997; zitiert nach Freie Universität Berlin, S. 2).

Warum prokrastinieren Menschen

Grundlegend lässt sich sagen, dass Prokrastination durch drei Faktoren beeinflusst wird. Zuerst spielen bestimmte Persönlichkeitsmerkmale, die das Auftreten von Prokrastination fördern, eine Rolle. Der zweite Faktor ist die Selbstregulation. Bei einem Selbstregulationsdefizit sind eine geringe Ausdauer und mangelndes Zeitmanagement mögliche Konsequenzen. Schiebt der/die Betroffene etwas auf und erledigt stattdessen etwas anderes, kann die Person sogar für kurze Zeit einen gewissen Erfolg oder eine reduzierte Spannung erleben. Langfristig erfährt sie jedoch negative Gefühle. Als dritter Punkt spielen Situationsfaktoren eine große Rolle. Beispielsweise können komplexe Aufgaben oder die soziale Isolation zur Entstehung von Prokrastination beitragen.

Häufig liegt die Neigung zum Prokrastinieren in der Kindheit, in der sich Persönlichkeitsmerkmale gebildet haben. Hat sich dort eine Angst zum Scheitern entwickelt, wird man immer versuchen schwierige Aufgaben, zu vermeiden, auch durch Aufschiebung. Perfektionisten hingegen verhängen sich derart in kleineren Aufgaben, dass ihr Zeitmanagement „völlig aus dem Ruder läuft" und weitere anstehende Aufgaben immer weiter verschoben werden und nicht zur Erledigung geführt werden können. „In der psychologischen Forschung wird außerdem ein Zusammenhang zwischen Prokrastination und Selbstwirksamkeit vermutet. Hat eine Person eine geringe Erwartung an die eigene Selbstwirksamkeit, kann das dazu führen, dass sie schwierige Situationen oder Aufgaben aufschiebt und vermeidet, um keinen Misserfolg zu erleben." (StudySmarter, S.1)

Die Entstehung von Prokrastination ist zudem auch situationsbedingt. Dabei bestimmt die Attraktivität und die Schwierigkeit der Aufgabe, ob sie zu einer Aufschiebung führen kann. Die Möglichkeit, die Aufgabe im Team zu erarbeiten, hilft Prokrastination zu vermeiden.

Es wird zwischen aktiver und passiver Prokrastination unterschieden. Aktiv prokrastinieren die Menschen, die besondere Leistungen unter Zeitdruck erbringen und passiv prokrastinieren vor allem die ängstlichen Menschen, die mit Selbstzweifeln besetzt sind und sich vorm Scheitern fürchten.

Hilfe für Prokrastinieren im akademischen Kontext

Um potenziellen Prokrastinierern schon im Voraus zu helfen wurde erforscht, wie man diesen Personen im akademischen Kontext helfen kann. Dabei kam heraus, dass Prokrastination geringer ist, wenn die bevorstehende Aufgabe das Interesse weckt. Das könnten bei Studenten beispielsweise Themen für die Erleichterung im späteren Berufsleben oder im Alltag sein. Ebenso Themen für die persönliche Relevanz des Studenten. „Außerdem führt die Notwendigkeit, eine große Spanne an Kompetenzen zur Aufgabenbewältigung einbringen zu müssen, zu einem größeren Interesse sowie einer größeren Motivation." (Ackerman & Gross 2005; zitiert nach Freie Universität Berlin, S. 2). Aufgaben bzw. Teilaufgaben miteinander zu verflechten, aufeinander aufzubauen oder auf andere Art in Abhängigkeit zueinander zu setzen, ist ein weiterer Ansatz um dem Problem entgegenzuwirken. (Paden & Stell 1997; zitiert nach Freie Universität Berlin S.2)

Bei Studierenden kann der Tendenz zur Prokrastination auch durch ein Belohnungssystem entgegengewirkt werden. Können diese durch Fleißarbeiten Extrapunkte erzielen wird ein Anreiz geschaffen. Auch kleine Gesten, wie aufmunternde oder lobende Feedbacks können das Aufschieben beeinträchtigen. Das Erzeugen eines Sicherheitsgefühls, z.B. durch das zur Seite stellen eines Ansprechpartners, ist ratsam. Konkret definierte Aufgaben können außerdem das Gefühl der Kontrolle vermitteln und somit einen Überblick schaffen, was dem unangenehmen Gefühl der Planlosigkeit entgegenwirkt. Auch Schritt-für-Schritt Anleitungen sind hierbei förderlich (Freie Universität Berlin, S. 2-3).

Selbsthilfe bei Prokrastination

Hin und wieder eine Arbeit aufzuschieben kennt wohl jeder und es bedeutet nicht zwangsläufig an einer pathologischen Störung zu leiden. Prokrastination kann jedoch auch zur Krankheit werden. Nämlich dann, wenn der Betroffene so leidet, dass es zu seelischen und körperlichen Beschwerden, zu Beeinträchtigungen im Alltag und zu Leistungsverlust führt.

Der erste Schritt, um der Aufschieberitis zu entkommen ist die Erkenntnis. Erkennt eine betroffene Person, dass sie an Prokrastination leidet und sie hat den Willen etwas zu verändern, ist ein wichtiger Teil getan.

Erkennbar wird die Störung durch Faktoren wie

- die aktuelle Stimmung
- die (erwartete) Auswirkung der Aufgabe auf die Stimmung
- erwarteter Erfolg oder Misserfolg bei der Aufgabe

die zur Entscheidung führen, ob die Aufgabe erledigt oder verschoben wird (StudySmarter, S.1).

Die Akzeptanz und die Hinterfragung dieser Störung ist ein weiterer Schritt. Mit dem bewussten Auseinandersetzen können Ursachen gefunden werden.

Nun kann derjenige sich selbst weiterhelfen, indem er To-Do-Listen führt, nach Prioritäten ordnet, einen konkreten Zeitplan erstellt und sich akribisch daran hält. Wichtig hierbei ist Pausen einzuplanen und großzügig die Zeit zu kalkulieren.

Des Weiteren sollten Störfaktoren, wie Anrufe oder Nachrichten, etc. vermieden, also abgeschaltet werden. Das fördert die Konzentration auf die Aufgabe. Außerdem kann es helfen der Familie oder Freunden seinen Zeitplan mitzuteilen, damit man sich selbst den Anreiz schafft, diesen auch tatsächlich einzuhalten. Zusätzlich können diese Rücksicht nehmen und Störungen vermeiden sowie verbal motivieren.

Hat der Betroffene sein Ziel dann tatsächlich gemäß dem Zeitplan erreicht, ist eine Selbstbelohnung sinnvoll, um die Motivation zu steigern.

Schafft man es nicht, aus eigener Kraft etwas gegen dieses Problem zu unternehmen, ist die Unterstützung eines Psychologen ratsam. Dieser versucht die Ursachen zu ergründen und es werden klare Verhaltensanweisungen erteilt.

Eine weitere Möglichkeit zur Selbsthilfe sind personalisierte Programme, die unterstützen „bei der Sache zu bleiben". Solche Programme haben die Aufgabe einen Prokrastinator im Alltag zu helfen eine Gewohnheit zu entwickeln, die Aufgaben direkt zu erledigen (Beutel, 2016, S.1; AOK, 2021, S.1).

Hilfe für Fernstudierende

Prokrastination hat oft viele negative Folgen.

- Verschlechterung der Leistung
- dauerhafte Unzufriedenheit (mit sich selbst)
- Gefühle von Schuld und Wertlosigkeit
- körperliche Beschwerden (z. B. Muskelverspannungen, **Schlafstörungen,** Kreislaufprobleme, Magen-Darm-Beschwerden)
- psychische Beschwerden (z. B. Angst, Hilflosigkeit, Anspannung, innere Unruhe)

(StudySmarter, S.1)

Gerade als Student im Fernstudium, in dem man sehr auf sich selbst, seine eigene Struktur und Konsequenz angewiesen ist, kann die Neigung zum Aufschieben in ein großes Chaos führen. Deshalb ist es für Fernstudierende besonders wichtig sich genau zu beobachten und einzuschätzen, um frühzeitige Warnsignale zu erkennen und entgegenzuwirken.

Leidet ein Student an Prokrastination und verschiebt seine Hausarbeit täglich aufs Neue, kann er sich genau an diesen Schritten zur Selbsthilfe orientieren.

Zuerst sollte er sich über seine Gründe und Gefühle für das Aufschieben der Hausarbeit bewusstwerden. Der Student sollte sich im Klaren darüber sein, dass er diese Prüfung nicht umgehen kann und mit jedem weiteren Tag wertvolle Zeit verliert.

Im nächsten Schritt erfolgt die Erstellung eines Zeitplans. Sein Ziel kann nun sein, die Hausarbeit innerhalb einer festgelegten Frist, zum Beispiel 3 Wochen, fertigzustellen. Damit er nun aber nicht erst nach 2 Wochen mit dem Schreiben der Hausarbeit beginnt, ist das Setzen kleinerer Ziele nötig. Ein solches Ziel könnte lauten, eine Seite pro Tag zu verfassen.

Anreize schaffen ist wichtig, z.B. durch Belohnung. Möglich wäre hier gleich am Morgen seine gesetzte Aufgabe zu erledigen, um sich ab mittags mit Freizeit und Freunden zu belohnen. Zudem kann er seinen Plan mit Freunden teilen damit diese ihn nicht bei der Arbeit stören und zusätzlich für Motivation sorgen.

Letztendlich sind der Kontakt und die Kommunikation mit Professoren und Kommilitonen für einen Studenten immer von großer Bedeutung. Hier erfährt er Unterstützung durch Gleichgesinnte, kann sich Rat und Hilfe einholen.

Literaturverzeichnis

Arenberg, P. (2018). Selbst- und Zeitmanagement. Riedlingen: SRH Fernhochschule.

Arenberg, P. (2022). Kreativitäts- und Präsentationstechniken (5. Aufl.). Riedlingen: SRH Fernhochschule.

AOK Gesundheitsmagazin (2021). Prokrastination: 15 Tipps gegen das ständige Aufschieben. Zugriff am 04.06.2022. Verfügbar unter Wie Sie sich vom Prokrastinieren verabschieden (aok.de)

Beutel, M. (2016). Prokrastination betrifft vor allem junge Menschen. Zugriff am 04.06.2022. Verfügbar unter Prokrastination betrifft vor allem junge Menschen | Kommunikation und Presse (KOM) (uni-mainz.de)

Brehmer, J. & Becker, S. (2017). „Storytelling" …die ursprünglichste Form der Wissensvermittlung. Zugriff am 04.06.2022. Verfügbar unter „Storytelling" (uni-goettingen.de)

Engberding, M., Höcker, A. & Rist, F. (2017). Prokrastination Ursachen, Auswirkung, Behandlungsmodule. Münster: Springer. doi: 10.1007/s00278-017-0219-3

Feichtner, W. (?). Funktionen der Arbeit – Warum gehen wir arbeiten?. Zugriff am 25.05.2023. Verfügbar unter Funktionen der Arbeit – Warum gehen wir arbeiten? | Karrierecoach-München (karrierecoach-muenchen.de)

Freie Universität Berlin. Prokrastination: Theoretischer Hintergrund. Zugriff am 04.06.2022. Verfügbar unter Handout-Prokrastinationsstheorie.pdf (fu-berlin.de)

Glaser, C. (2019). Risiko im Management. Ellhofen: Springer. doi: 10.1007/978-3-658-25835-1_14

Gusy, B., Jochmann, A., Lesener, T., Wolter, C. & Blaszcyk, W. (2022). „Get it done" – schadet aufschieben der Gesundheit?. Berlin: Freie Universität Berlin. doi: 10.1007/s11553-022-00950-4

Moser, K. (2015). Wirtschaftspsychologie (2.Aufl). Nürnberg: Springer. doi: 10.1007/978-3-662-43576-2

Noack, K. (2022). Das Pyramidale Prinzip, Pyramidenprinzip, Minto-Prinzip für überzeugende Präsentationen. Zugriff am 04.06.2022. Verfügbar unter Das Pyramidale Prinzip, Pyramidenprinzip, Minto-Prinzip für überzeugende Präsentationen - Karsten Noack Training & Coaching Berlin & online

Scheve, C., & Esche, F., & Schupp, J. (2016). The Emotional Timeline of Unemployment: Anticipation, Reaction, and Adaptation. Zugriff am 25.05.2023. Verfügbar unter The Emotional Timeline of Unemployment: Anticipation, Reaction, and Adaptation | SpringerLink

Schinko-Fischli, S. (2019). Angewandte Improvisation für Coaches und Führungskräfte (2. Aufl.). Apenzell: Springer. doi: 10.1007/978-3-658-25573-2

StudySmarter. Prokrastination. Zugriff am 04.06.2022. Verfügbar unter Prokrastination: Ursachen & Symptome | StudySmarter

Wohltmann, H., Voigt, K. (2018). Was ist „Arbeit"?. Zugriff am 25.05.2023. Verfügbar unter Revision von Arbeit vom Mo., 19.02.2018 - 16:08 • Definition | Gabler Wirtschaftslexikon

BEI GRIN MACHT SICH IHR WISSEN BEZAHLT

- Wir veröffentlichen Ihre Hausarbeit,
  Bachelor- und Masterarbeit

- Ihr eigenes eBook und Buch -
  weltweit in allen wichtigen Shops

- Verdienen Sie an jedem Verkauf

Jetzt bei www.GRIN.com hochladen
und kostenlos publizieren